Hans Wolfgang Wolff

Herzhaft Hessisch

Hans Wolfgang Wolff

Ein Bildwörterbuch

Mit Zeichnungen von
Ludwig Nardelli

Alle Rechte vorbehalten • Societäts-Verlag
© 2012 Frankfurter Societäts-Medien GmbH
Satz: Nicole Ehrlich, Societäts-Verlag
Umschlaggestaltung: Nicole Ehrlich, Societäts-Verlag
Druck und Verarbeitung: CPI – Ebner & Spiegel, Ulm
Printed in Germany 2012

ISBN 978-3-95542-012-3

Inhaltsverzeichnis

Vorwort

Die geneischde Leserin aus Owwerhesse – isch hör se grad mit meine innere Ohrn – säscht zu ihrm Mann: „Du, Heiner, was der Mann da schreibt, des saache mir awwer e bissi annersder!

Rescht hat se, die geneischde Leserin. Des Hessische hats in sisch. Es is net vorne wie hinne. In Butzbach un in Kassel babbele die Leut schonn e bissi annersder als wie die Leut in Offebach un Wiesbade.

Annererseids muss schonn emaa gesacht wern, dass des Südhessische un schbeziell des Frankforderische in Hesse die Nas zimmlich vorne hawwe. Fachleut saache, dass des mit dem werdschafdliche Uffschwung in de Rhein-Main-Reschion zu duhn hat. Da sinn zischdausend Pendler unnerweeschs, die babbele endwedder selwer Südhessisch odder hawwe des erjendwo uffgeschnabbt. Un so kimmt des unner die Leut.

Also, damit des ganz klar is: des Bischelsche hier endhält Wörder un Schbrisch mit südhessisch-frank-forderischem Zungeschlaach.

Wenn geneidschde Leserinne un Leser ausem hohe Norde odder annere hessische Randgebiede sinn, dann misse die des Zeusch aus dem Bischelsche hier ja net nachbabbele.

Die solle ruisch weider so schweddse wie ihne de eischne Schnawwel gewachse is.

Aal Scheggel

Die Menner wo von erer eldere Fraa als erer aal
Scheggel redde, des sinn kaa Kawalliern. So ebbes
säscht mer net, aach net wenns aam uff de Zung
lischt. Eldere Fraue kenne da mit gudem Beischbiel
vorangehe, indem se abfellische Ausdrick iwwer
Sennjorn vermeide, Wörder wie aale Knagger, aale
Knodderer, aale Krauderer.

Aale Babbeldibbe

sinn es männlische Pandang zu de weiblische aale
Kladdschdande un Kwasselschdribbe.
Zu dene ihrne bevorzuuchde Geschbreeschssch-
doffe geheern eischne Wehwehs, Frieher war man-
sches besser als wie heut, iwwer die heudische
Juuchend kann mer nur noch de Kobb schiddele, uff
uns Aale heert ja kaaner.

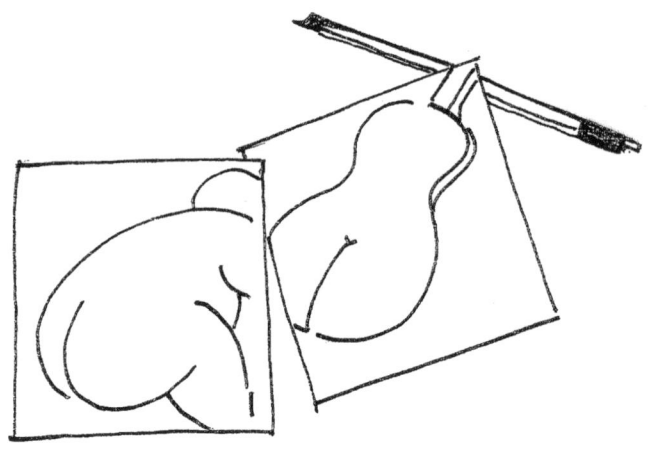

Aaschgeisch

geheert in die Schubblad, wo die kräffdische
Schimfwerder drin sinn, beischbielsweis Aam-
leuschder, Babbsack, Bleedmann, Deeskobb, Dor-
mel, Giftniggel, Hutsimbel, Jammerlabbe, Klowe,
Olwel, Quadratsimbel, Sesselforzer, Krumbel,
Volleul.

Abeedeggel

Des is des wo mer druffsitzt im schdille Ördsche. In Sachsehause hat en hungrische Schobbepeddser emaa gesacht „Isch könnt jetz e Schniddsel verdraache, so groß wie en Abeedeggel."

achele

is nur aans von dene viele Wörder wo uns fer aa
von unsere Lieblingsbeschäfdischunge zur Verfü-
schung schdehe, beischbielsweis mambfe, fuddern,
schbachdele, schnawwuliern, sisch de Wanst (odder
Ranze) vollschlaache.

babbe

duht mer beischbielsweis e Briefmack uffen
Umschlaach. Wenn die net von selwer babbt, kann
mer se mit Klebschdoff aababbe. Dadebei könne
eim sei Händ babbisch wern.

Babbelschnude

sinn Fraue wo iwermeeßisch viel schwäddse. Iwwer
die säscht mer als emaa, die hädde Babbelwasser
gedrunke.

bambele

säscht mer, wenn ebbes hie un her schwankt,
beischbielsweis Glogge im Kerschtorm.
Wenn Fraue renne,
dann bambelt aach manschmaa ebbes.
Bei Menner aach, awwer des fellt net so uff.

Beleidischt
Lewwerworscht

Des is aaner, dem wo mer uff die Fieß gedrede hat.
Jetz isser eigeschnabbt un hat sisch in de Schmoll-
wingel zurigggezooche.

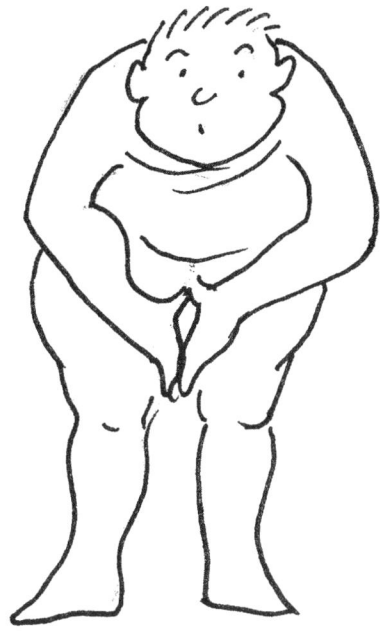

Bibbel

is des, was die Bubscher haubdsäschlisch von de
Mädscher unnerscheide duht, äuserlisch.

Bleib uffem Debbisch!

säscht mer zu Leut wo beischbielsweis
heggdisch
hiwwelisch
kribbelisch
zabbelisch
ausem Häusje
mit de Näffe runner
odder sonstwie am Dorschdrehe sinn

Bloß net tranfunzlisch wern!

Die Leut wern ja immer älder. Schdatt die Tornschuh
aazuziehe un im Schdadtpack rumzudjogge,
hoggese uff ihrm Sofa un gugge fän.
Da muss mer geescheschdeuern,
sonst werd mer tranfunzlisch.

Ruhpolding

2,5 km

Blo3aasch

is aans von dene hunnert odder mehr Wörder, die uns fer die Bezeischnung von unsimmbaadische Midmensche zur Verfüüschung schdehe.

Bobbelscher

Des sinn Säuschling.
Wenn se elder wern, dann bezeischend mer se als
emaa gern als klaa Gewerzel.

Bröggelscher husde

Kerle, Kerle, war des peinlisch, wie de Willi nachem zehnde Ebbelwei uff aamaa aagefange hat, Bröckelscher zu husde! Midde im Gemalde Haus!
Mir kann sowas net bassiern. Des is halt lewungssach.

Da könnt isch die pud-
delnaggisch Kränk krie je!

So ebbes säscht mer in Hesse gern, wenn annere
Bezeischnunge net ausreische, so Sache wie: des
fuchst mich, des geht mer uff de Wegger, da reißt
mer de Geduldsfaddem, da leeft mer die Gall iwwer,
da kimmt mer de Kaffee hoch, da blatzt mer gleisch
de Kraache. Un so weider.

Da schdehsde machdlos wisawie!

Des säscht mer, wenn mer a Brobblem net löse kann, wenn nix, awwer aach gaanix zu mache is.

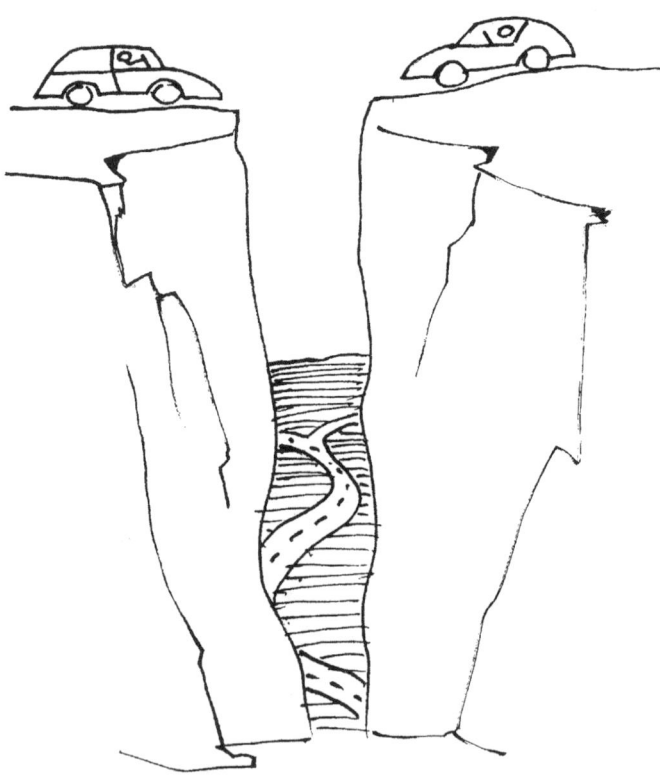

Daab Seddsche

Hochdeutsch: Taubes Settchen. „Seddsche" is en
vom Ausschderbe bedrohde weiblischer Vorname.
Isch hab emaa e Geschbrääsch mitgeheert, da hat
aaner en Mann gefraacht: „Sinn Sie dem Seddsche
ihrn Mann?"
„Daab Seddsche" is en unheeflische Ausdruck fer e
Fraa, die e bissi schwer von Kapee is.

de Maa iwwerzwersch im Bauch

Erst e Rummschdick so groß wie en Abeedeggel,
dann zwaa maa Handkees mit Mussik, dadezu en
mords Bembel Äbbelwei – kaa Wunner, dass de Hei-
ner dadenaach de Maa iwwerzwersch im Bauch
gehabt hat.

Dehaam is dehaam

Warum in die Fänne schweife, wenn des Gude so nah lischt, wie de Geede so, odder so ehnlisch, emaa gesacht hat. Es kann aach de Schiller gewese sei. Die zwaa sinn jedenfalls net alle Nas lang nach Majorga odder uff die Seischelle. Die sinn meisdens schee dehaam gebliwwe, am heimadlische Herd.

Dem hawwese ins Gehern geschisse

is en vernischdendes Urdeil iwwer aan wo geisdisch asch zurigggebliwwe is.

Der hat se net mehr all

Des säscht mer von aam, der net ganz discht is.

Der heert die Flee huste

Der maant von sisch er wär besonners klewwer, piffisch un gerisse, uff Draht, uff Zack, mit alle Hunde gehetzt un alle Wassern gewesche.

Der is net em Schaffer sein Digge

Bei so Leut aadet Bescheffdischung net so leischt in Awweit aus:

„Hoch die Awweit, dass kaaner draa kann!"

Odder: „O Herr, lass Aawend wern, meeschlischst noch am Daach!"

des Dibbsche zum Iwwerlaafe bringe

Bei dere Ausenannerseddsung im Sachsehäuser Kanonesteppel bin isch ganz lang ganz ruisch gebliwwe. Nur wie de Willi mir blötzlisch aus heiderem Himmel ei geschebbt hat, da hab isch aach druffgehaache weil, des hat bei mir des Dibbsche zum Iwwerlaafe gebracht.

Des hengt eim doch zum Hals naus!

Zeh Killo abnemme?
Kaan Roodwei mehr?
Schluss mit Koddledd un Lewwerworscht?
Wie schdellt sisch der Doggder des vor?

Des sinn halt so Sache!

Wenn eim aaner e lang Geschischt verzählt un en Kommendaa dadezu erwadd, den mer net abgewwe will, dann säscht mer am besde eifach: „Ja, des sinn halt so Sache!" Dademit zeischt mer dem annern, dass eim die Sach net ganz scheißegal is. Dadorsch is de Geschbrääschsfaddem net ganz abgerisse.

Dibbe

sinn Behelder in die ebbes enei kimmt, zum Beisch-
biel Supp. Des sinn dann Subbedibbe. Klaane Dibbe
haaße Dibbscher. Aans von de Frankforder Volks-
fesde is die Dibbemess. Aaner wo sisch gern in de
Kisch uffhäld, wenn's gut nach Messer un Gabbel
riecht, des is en Dibbegugger.

Die Fraa hat ebbes zu beschdelle

Die hat die Hose aa, fiehrt im Haus ein eisernes Reschiment. Als Ehemann hat mers net leischt mit dene, die kommandiern aan ganz schee rum. Wenn mer sischs gefalle lässt.

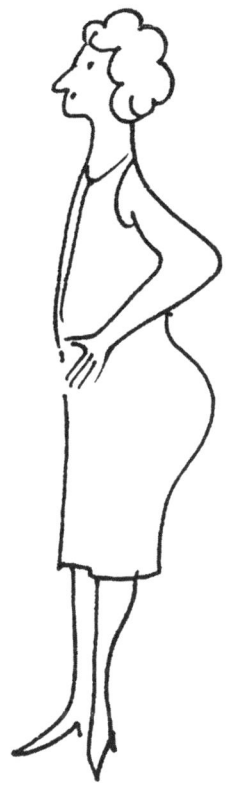

Die is net hinne wie vorne

In dere Fraa kann mer sisch täusche, hinner die guggt mer net dehinner.

die Meinung geische

Wenn isch eim die Meinung geisch, dann redd isch
Klaatext, dann nemm isch kaa Bladd vor de Mund.
Meiner Fraa deht isch gern als emaa die Meinung
geische, awwer die lässt misch net zu Wort komme.

Dollbohrer

Bei dene is e Schraub logger, die hawwe en
Schbrung in de Schissel, sinn dorschgedreht,
beklobbt, bescheuert. Aggressief sinn se aach.

dorsch

is en Handkees im reifere Alder. Mer redd dann von em dorschene Handkees.

Dorscht is schlimmer wie Haamweh!

Des is en Lieblingsschbruch von de Schobbepetzer un Gorschelschwenker.

dreddschnass

is mer, wenn mer kaan droggene Faddem mehr am Leib hat. Drebbelnass is aach nass, awwer net so asch wie dreddschnass.

Du kriest die Dier net zu!

Des is so en ehnlische Ausdruck wie „des derf doch net wahr sei!", „des is doch net zu fasse!", „Heilischer Schdrohsack!"

Dummbabbler

sinn Leut, dene ihr Konwersaddsjohn sisch uff asch
niedrischem Niwwoo beweescht. Mer kann se aach
als Schläächdschweddser bezeischne.

ei schebbe

Bei Schdreidischkeide soll mer ja net von Aafang aa gleich druffhaache. Drotzdem kimmts als emaa vor, dass mer dem annern ei schebbt, im Eifer des Gefeschds sozusaache.

En große Booche-schbugge

Leut, von dene mer des säscht, bei dene is nix de-hinner, die mache bloß en mords Wind.

enei, enaus, enuff, enunner, eniwwer

sinn wischdische Wörder im Fall von
Ordsverännerunge.

ere

is e mäggwirdisches Wort, schwer zu erkleern.
„Wo sinn dann die ganze Fluuchlämmgeeschner?"
„Da hinne sinn ere!"
„Gibbds hier noch Kweddschebeem?"
Da driwwe sinn ere!"

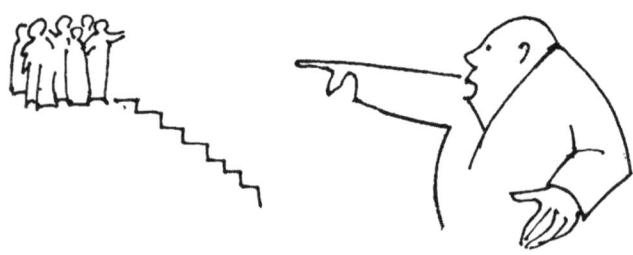

Essisch

Mit dem Loddogewinn isses Essisch worn. Des
bedeut, dass mer nix gewonne hawwe. Die Sach is
denewer gegange.

Gediwwer

nennt mer des, wenn Leut als iwwer ebbes lam-
mendiern. Net so laut wie beischbielsweis bei de
Demmos geesche Fluuchlämm, mehr e bissi leiser,
awwer dadefer länger.
Isch kann des Gediwwer von unsere Nachbarin
iwwer des geleeschendlisch Gebell von unserm
Hundsche wägglisch net mehr heern.

Gehubbt wie gedubbt

Isch bin net aabergläubisch. Ob isch morschens middem linge Fuß odder middem reschde uffschdeh, des is gehubbt wie gedubbt.

geraggelt voll

Wie de Hennes gesdern aus seim neue Bischelsche vorgelese hat, da war die Schdadtbibbliodeek geraggelt voll, mir hawwe zum Glick grad noch en Schdehblatz verwischt.

Geräusche wo ausem Maache komme, nach owwe-
zus, im Geeschesatz zu de Ferz, wo nach unnezus
enauskomme.

Gorschelschwenker

sinn Leut wo gern aan heebe, genau wie die Schob-
bepetzer.

Guudsjer

Unser Hessewort fer Zuggerzeusch wie Luddscher,
Lollis, Bommbongs, Knolle.

Hä?

Mit zwaa Buchschdabe aadeude, dass mer ebbes net verschdanne hat, des könne nur mir Hesse, odder?

Hackklödds jer

sinn ungehowelde Leut und geisdisch e bissi
zurigggebliwwe, oft aus ländlische Geeschende
schdammend, wodemit isch nix geesche ländlische
Geeschende saache will, des net.

Heilischer Bimmbamm!

In besonners emmoddsjonale Sidduadsjone kann mer mit em kräffdische „Heilischer Bimmbamm!" schon e bissi Dampf ablasse. Mer muss nur uffbasse, dass mer keim sei rellischjöse Gefiele dadebei verleddst.

hieborzele

Wenn mer net uffbasst, kann mer schdolbern un
hieborzele, uff die Nas falle, en Schdorz drigge, hie-
knalle, hieseeschele.

Hiwwel

aach Hibbel odder Hubbel genannt, is viel weeni-
scher wie en Hüüschel, vonnem Bersch ganz zu
schweische. Fer Leut ohne hessische Nazzjonal-
schdolz is de Frankforder Lohrbersch bloß en
klaane Hiwwel.

Hugge

Wenn aam aaner die Hugge vollhääscht, dann wird
mer vermeebelt, verhaache, versohlt, krieht aan vor
de Latz geknallt, aan uff de Deggel, odder mer kriet
de Frack vollgehaache.
Am besde, mer hääscht dem Annern die Hugge voll.

Hutsimbel

So aaner gibt aa wie e Dutt voll Migge, awwer hinner dem is nix dehinner.

Isch glaab es geht los!

Des säscht mer, wenn mer mit ebbes gaanet
eiverschdanne is un eim gleisch de Kraache blatzt.
Was aach geht, des sinn Schbrüsch wie
Ewe langds!
Ewe reischds!
Ewe is de Bart ab!
Mer muss ja net gleisch aafange mit so Sache wie
„Himmelaaschunwolgebruch!"

Isch mach emaa weider!

säscht mer bei uns schdatt „Auf Wiedersehen".

Isch mach jetz haam

säscht mer beischbielsweis in Sachsehause zu de
annern Schobbepetzer nachem zehnde Äbbelwei.
Mer denkt da schonn emaa an de Hausseesche, der
wo schebb hänge däht, wenn mer net allmehlisch
maa uffbresche däht.

Jed Dibbsche find sei Deggelsche

Erschendwie finne Menner un Fraue zusamme, des hat de liewe Gott ganz schee hiegekriet.

Jesses naa!

Als emaa rufe uffgereeschde Hesse de liewe Gott
folschendermaße aa:
Jesses naa, da driwwe hat de Blitz eigeschlaache!
Jesses naa, die Lisbeth hat schon widder Drilling
gekriet.

Kabbes

Wenn aaner Kabbes schwäddst, dann is des Bleed-
sinn, dumm Zeusch, Goggolores, Quaddsch mit Soß

Kadoffele

sinn ebbes zum Esse, gekocht zum Beischbiel als
Gequellde odder Pellmänner.
Löscher in eim seine Schdrimb sinn aach Kadoffele.

Knallaach

Des is e Aach was sisch drumerum väfäbbt hat,
bläulisch, gelblisch, grünlisch, weil eim aaner, odder
aane, druffgehaache hat.

Knäulkobb

Des is aaner, der net nachgewwe will odder kann.
So aaner is uffsässisch, uffmübfisch, kratzbersch-
disch, bockisch, mit aam Word en schdure Bock.

Knodderbiggse

sinn Fraue wo dadefer bekannt sinn dasse
knoddern
brääbele
lammendiern
schdängern
aam die Meinung geische
die Levidde lese
uffs Dach schdeische
de Kobb wesche
de Masch blase
aans uff de Deggel gewwe
aan runnerbuddse
aan zusammeschdauche
aan zur Minna mache
aan zur Schneck mache
eddzeddera peepee, isch heer liewer emaa uff.

Korz un bündisch

„Morsche!"
„Gunndach!"
„Gunnawend!"
„Tschöö!"
„Ei gude wie?"

Kratzberscht

nennt mer e Fraa wo als ihrm Mann die Ohrn voll-
kreddscht, vollpräwelt odder sonstwie Knaadsch
middem had.

kreddsche

Wenn mer eim seim Ärjer (odder Ärscher) Luft
mache will, dann kreddscht, knoddert, schdängert,
schennt odder präwelt mer. Dadebei is des Knod-
dern e relladief milde Form von Kreddsche, wäh-
rend des Präwele sisch lang hieziehe kann.

Krimmelkagger

sinn kleinlische, pingelische Mensche, Umschdands-
kremer, Äbbsezähler. Mer kann aach Korrindekagger
zu dene saache.

Kuhbladdscher

ebbes was aus ere Kuh hinne erauskimmt un mid-
derem zaade Geräusch uff de Ääd uffschläächt.

Kweddsche

waggse uff Kweddschebeem, wern beneedischt fer Kweddschekuche, Laddwersch, Kweddscheschnaps, beischbielsweis Schliwowitz, un aach fer die Kweddschemännscher uffem Frankforder Weih- nachtsmakt.

Laamaasch

So aaner leescht sisch net ins Gescherr un seddst
kaan aanzische Heewel in Beweeschung.

Läusert

aach Läus- odder Lauszibbel genannt, is en klaane Bub so im Schdiel vom Wilhelm Busch sei Max un Moritz.

Leck misch am Aämel!

Des hat em Geede sein Götz von Berlichinge e bissi annersder gesacht, e bissi wuchdischer.

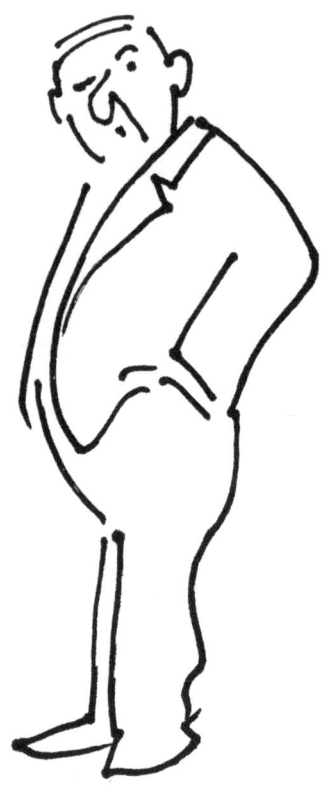

Lumbeseggel

sinn unsimmbadische Leut. Bei dene muss mer uff-
basse; mer waaß da nie genau wo mer draa is. Die
schbiele net mit offene Kadde.

Mach die Mick!

Wenn mer des zu aam säscht, dann soll der sich fordmache, abhaue, die Fladder mache, abdambfe, Leine ziehe, die Kurv kraddse, sisch verkrimmele.

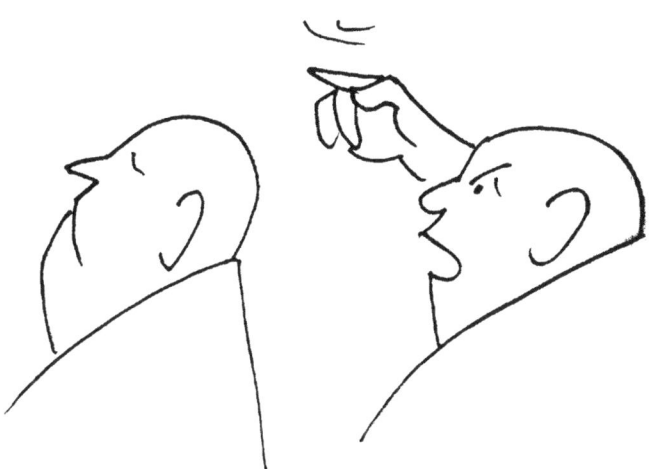

Mach die Migge net scheu!

säscht mer bei uns zu aam, der liewwer sein Mund halde sollt, um kei schlaafende Hunde zu wegge.

Mach kaan digge Hals!

säscht mer zu aam, der sisch abreesche soll. „Bleib uffem Debbisch!" kann mer aach saache.

Manschmaa heerds net uff zu bassiern!

Meisdens fängds ganz hammlos aa. Dann schdeischert sischs. Un uff aamaa gehds Schlaach uff Schlaach un heert net uff.

Mer waaß es net!

Des heert mer oft in Hesse, wenn so Fraache ge-
schdellt wern wie: Wo soll des noch hieführn? Was
denkt sisch die Regierung dadebei? Wer soll des
alles bezahle? Wann heert des endlisch emaa uff?
Wen soll mer da noch wähle?

Midde Ohrn schlaggern

In dem Brief vom Finanzamt hats gehaaße, isch misst zwaadausend Euro Schdeuer nachzahle. Sie, da hab isch ganz schee midde Ohrn geschlaggert!

Miggeschiss

ebbes odder jemand ohne irschenwelsche
Bedeutung

Mit uns könne ses ja mache

Als mehr Fluuchlämm, als mehr Feinschdaub, als
mehr Löscher in de Ozonschischt –
mit uns könne ses ja mache.
AWWER NET MEHR LANG!
Bald hawwe die Bosse e Loch.

Mömbel

aach Möbbs odder Mebbs genannt, geheern zu de
seggundäre Geschleschdsmäggmale von Fraue.

Motzkobb

Des is en griesgreemische Kerl, aaner wo als rum-
nörschelt, aam e Bruddsch zieht, schennt un
schmollt, die beleidischt Lewwerworscht mäscht.

neidabbe

„zieh emaa gleisch die Schuh aus!", säscht mei Fraa
heut morsche zu mir, „du bist da in ebbes neige-
dabbt." Ja, so kanns gehe in em Schdadtverdel wos
mehr Hunde wie klaane Kinner gibt.

No, wo mäschsde dann hie?

Die Fraach krie isch als emaa von meim Keeschelbruder Willi Umbach zu heern, wenn mir uns zufellisch uff de Gass begeeschne. De Willi wills immer ganz genau wisse. Manschmaa geht mer des e bissi uff die Näffe. Dann saach isch eifach:
„Zu de neununneunzisch, damitse hunnert wern!"

Owwermäscher

de Chef von irschendebbes.
Wenn aaner sein Boss so bezeischent, dann zeuscht
des net grad von besonnerer Zuneischung. Mit dem
Owwermäscher seine menschliche Kwallidäde
isses sischer net weit her.

Peifedeggel!

Des säscht mer bei uns, wenn mer uff ebbes gehofft hat und dadraus is nix worn.

Niedrischere Schdeuern? Peifedeggel! Renteerhöhung? Peifedeggel!

puddelnaggisch

sinn Leut wo gaanix aahawwe. Naggischer wie pud-
delnaggisch, des gibds net.

Quande

iwwergroße Schuh, mords Treder

Quellmänner

sinn Pellkaddoffele.

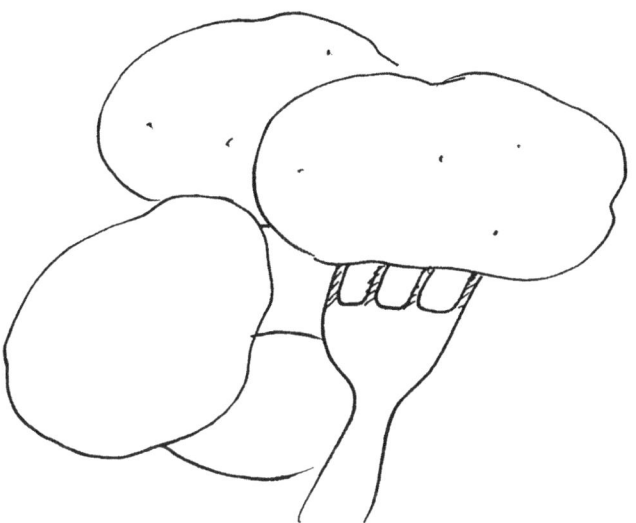

rabbeldenr

sinn Leut wo vom Flaasch gefalle sinn. An dene is
fast nix mehr draa.

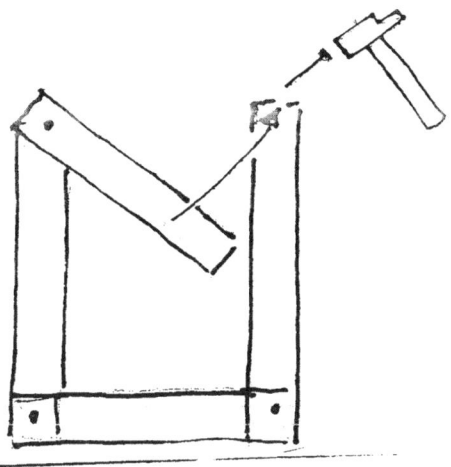

Reih

Wenn mer ebbes in die Reih mäscht, rebbariert
mers odder bringts in Ordung. Wenn aaner net in
de Reih is, dann muss möschlischerweis en Doggder
ebei.

Sache gibds, die gibds net!

Der Heiner hat mit neunzisch noch emaa geheirad!
Benzin is jetz billischer als wie Bizzelwasser!
Eintracht Frankfurt zum dridde Maa Deutscher
Meister!

Schbrüsch fer die Küsch

Was rieschds so gut nach Messer un Gawwel!

Schbachdelt bis de Nawwel glänzt
hell wie en Karfungel,
damit ihr e schee Lämbsche habt
in des Lewens Dungel.

Es isst de Mensch.
Es frisst des Ferd.
Heut isses emaa umgekehrd.

Gude Abbedidd,
Nix verdrebbelt,
nix verschidd!

Schdammdisch

is des wo die hogge, die wo da immer hogge.

schdeggeschdeif

Nach meim briwwaade Feuerwäck in de Silwester-
nacht war isch sowas von schdeggeschdeif gefrorn,
mer glaabds net. Goddseidank hawwe misch drei,
vier Konnjack widder uffgedaut.

schdumbe

Bei dere Breedischt von unserm Parrer iwwer des
Thema „Endhalsamkeit" hat misch mei Fraa als mit
ihrm Ellebooche aageschdumbt. Warum? Isch waaß
es net.

schebb

is ebbes, des net grad is.Meisdens basst eim des net in eim seim Kram un is alles annere als aagenehm. Dorschaus aagenehm isses awwer, wenn mer sisch iwwer ebbes schebb lache kann.

Schenne wie en Rohrschbatz

Was so en rischdische Schenner is, der hat glatt ver-
zisch, fuffzisch Schimbfwerder uff Laacher. Der kann
schenne wie en Rohrschbatz.

schläusche

in greeßere Menge trinke

Schliggser

Nachem achde – hick! – Ebbelwei wollt isch haam –
hick! awwer de Willi hat noch emaa en ganze –
hick! – Bembel komme lasse.

Schnorres

nennt mer in Hesse en Owwerlibbebart.
Nachdem aaner mit Vorname Adolf so en Schnorres
gedraache hat, is der Schnorres e bissi aus de Mod
gekomme. Iwwrischens genau so wie der Vorname
Adolf.

Schnuggelsche

En besonners zäädlische Ausdruck fer e weiblisches
Wese, meisdens in noch juuchenlischem Alder.

Schwelles

Eim sein Kobb. Aach Wersching genannt, odder
Deez.

sisch schibbelisch lache

Egal wie oft isch „Sähm Brosiedscher as ewwerie Jier" aaguck, jed Maa könnt isch misch schibbelisch lache.

Uffgebasst: schdatt „schibbelisch" kann mer aach „schebb" saache.

sisch uffrabbele

fällt morschens als emaa asch schwer, besonners
nach lange Äbbelweiaawende dribbdebach.

Spähbrenner

sinn, vom Wort her bedracht, Leut wo klaane
Holzschdiggscher verbrenne. Die sinn also zimm-
lisch klaakariert un schbießberjerlisch. En große
Worf is von dene net zu erwadde.

Un unseraaner mit
seim Wasseraamer
rennt wanns brennt

Des säscht mer bei uns manschmaa in kriddische
Sidduazione, wenn mer selwer die Äämel hoch-
krembelt un helfe duht, derweil des dene annern
am Aasch vorbeigeht.

unne dorsch

Wenn bei mir aaner unne dorsch is, dann hadders
bei mir verschisse. Seit der Bleide von dene Gebrie-
der Lehmann sinn die Bankberader bei mir unne
dorsch.

verhobbasse

Wenn mer ebbes verhobbast,so wie der Schlabbe-
kigger hier, dann verboggt mers odder kriehts net
uff die Reih.

verhuddselt

is ebbes odder jemand wo faldisch, runzlisch odder
verschrumbelt aussieht.

ver juggele

Wenn aaner beischbielsweis des von de Omma
geäbbde Geld verjuggelt, dann schmeißders fer lau-
der dumm Zeusch zum Fensder naus.

Wamb

eim sein Bauch

Warum so eilisch? Morje is aach noch en Daach!

Mansche Leut könne e bissi Endschleunischung ver-
draache. Zu dene kann mer so ebbes saache.

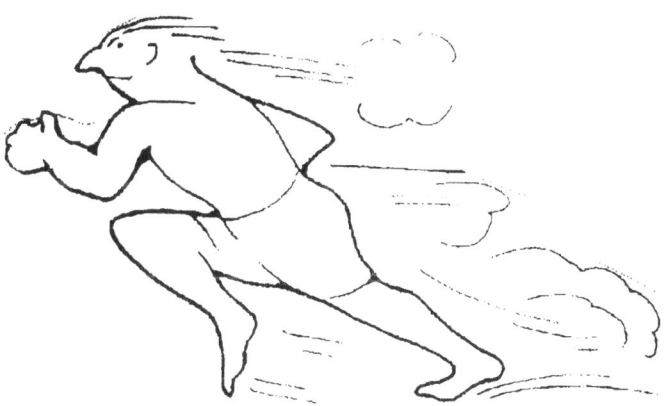

Weljerholz

So ebbes beniddst mer normalerweis
zum Teischausrolle.

Wem sei Auto issen des?

Is des dem Willi sei Auto, odder seiner Fraa ihrs?

Wenn eim de Gaul dorschgeht ...

... dann is eim die Sischerung dorschgebrennt un mer wird fuchsdeiwelswild.
Dadebei kann mer als emaa bees uff die Nas falle.

Worzelberschde

warn frieher wischdischer als wie heut. Dademit
hawwe die Fraue die Wasch gewesche, de Fußbod-
dem geschrubbt un manschmaa sogaa die Kinner in
de Badebitt.

Zimberliesje

Des is e asch emfindlisches weiblisches Wese, dünn-
häudisch, forschbaa zaad beseidet, e rischdisch
Mimösje.

Zorngiggel

könne leischt aus de Haut fahn, sisch weesche
jedem Miggeschiss uffreeesche un die Wend
hochgehe.

Der Autor

 Hans Wolfgang Wolff, geb. 1926 in Frankfurt am Main, studierte Anglistik, Romanistik und Philosophie in Frankfurt und Grenoble. Er leitete den Sprachendienst und die Fremdsprachenfortbildung einer Weltfirma, schreibt im Ruhestand Geschichten und Gedichte, gerne auch in hessischer Mundart. Im Societäts-Verlag sind zuletzt von ihm erschienen: „Mir rüsdische Sennjorn" und „Sondaachs im Zoo".

SOCIETÄTS **VERLAG**

FRANKFURTER SOCIETÄTS-
MEDIEN GMBH

Hans W. Wolff

Mir rüsdische Sennjorn

Geschischdscher un Gedischdscher
fer Hesse im reifere Alder

Nachdem Hans W. Wolff mit „Von Affezäggus bis Zawwelfillibb" ein
Nachschlagewerk der hessischen Sprache mit integriertem Lern-
kurs geschrieben und mit „Grimms Märchen – auf neuhessisch"
den charmanten Dialekt auch jüngeren Lesern nahegebracht hat,
spricht er mit seinem neuen Meisterstreich hessischer Mundart die
älteren Semester an. Entstanden ist ein Buch, das prall gefüllt ist
mit hessischem Humor und einer ordentlichen Portion Lebenserfah-
rung. „Mir rüsdische Sennjorn" von Hans W. Wolff beweist in hessi-
scher Mundart, dass man das Altern am besten mit Humor nimmt. In
71 „Geschischdscher un Gedischdscher" werden allerlei Themen des
Seniorenalltags behandelt. Abgerundet werden die „Geschischd-
scher un Gedischdscher" durch die humorvollen Zeichnungen Lud-
wig Nardellis.

160 Seiten, SmartCover / ISBN 978-3-7973-1180-1 / 12,80 Euro

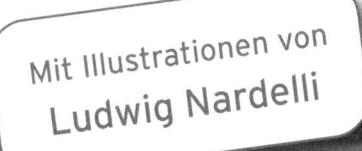

Mit Illustrationen von
Ludwig Nardelli

ÜBERALL IM BUCHHANDEL

Hans W. Wolff

Sonndaachs in Zoo

Mit Zeichnungen von Ludwig Nardelli

Geschischdscher un Gedischdscher
uff gut Frankforderisch

SOCIETÄTS**VERLAG**

FRANKFURTER SOCIETÄTS-
MEDIEN GMBH

Hans W. Wolff

Sonndaachs im Zoo

Geschischdscher un Gedischdscher
uff gut Frankforderisch

Häzzlisch willkomme im Frankfurter Zoo! Im Frankfurter Zoo ist jede
Menge los: Schresche Vööchel, buggelische Drommedare, bossierli-
sche Rhesusaffe und mobbelische Eisbärn - das Tierreich steckt voller
Überraschungen. Uff gut Frankforderisch berichtet Hans W. Wolff
frech-ironisch mitten aus dem oft verblüffenden Alltag der Tiere,
erzählt von erstaunlichen biologischen Erkenntnissen, seltsamen Wis-
senschaftlern und dem manchmal kuriosen Miteinander von Mensch
und Tier. Bei seinen tierischen „Geschischdscher und Gedischdscher"
dürfen das Frankfurter Zooalphabet und jede Menge Zoowitzjer natür-
lich nicht fehlen. Begleitet mit liebevollen Zeichnungen von Ludwig
Nardelli lädt Wolff zu einem tierischen Zoobesuch in Frankfurt am
Main ein.

144 Seiten, SmartCover / ISBN 978-3-7973-1254-9 / 12,80 Euro

Mit Illustrationen von
Ludwig Nardelli

ÜBERALL IM BUCHHANDEL

Hans W. Wolff

Von Affezäggus bis Zabbelfillibb

Hemdsärmelisch Hessisch –
ein Intensivkurs

SOCIETÄTS
VERLAG

SOCIETÄTS
VERLAG

FRANKFURTER SOCIETÄTS-
MEDIEN GMBH

Hans W. Wolff

Von Affezäggus
bis Zabbelfillibb

Hemdsärmelisch Hessisch – ein Intensivkurs

„Ank", „Maabootscher", „Gequellde", „prääwele", „Flitsch" – Wenn der Hesse „babbelt", wie ihm „de Schnawwel gewachse is", verlieren „Eigeplackte" oder andere Nicht-Muttersprachler schon mal den Überblick. Und selbst eingefleischte Hessen brauchen ab und an ein Nachschlagewerk, um im Zweifelsfall die richtige Formulierung zur Hand zu haben.

Abhilfe schafft hier der Sprachwissenschaftler Hans W. Wolff mit seinem Intensivkurs „Hemdsärmelisch Hessisch", mit vielen Beispielen, Zwischentests und Lektüretexten – und vor allem mit spürbarer Liebe zur Sprache.

Für zusätzliche Anschaulichkeit sorgen die Illustrationen von Ludwig Nardelli. Die neu gestaltete und stark erweiterte Ausgabe beherbergt nun auch ein „Bildwörderbischelsche", damit das Hessische auch intuitiv „uffgeschnappt" werden kann.

128 Seiten, SmartCover / ISBN 978-3-942921-27-5 / 12,80 Euro

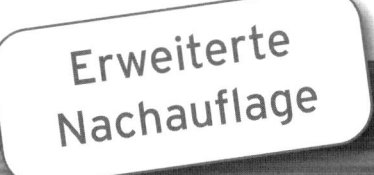

Erweiterte
Nachauflage

ÜBERALL IM BUCHHANDEL

HANS W. WOLFF

Goethe „on tour" in Frankfurt

EIN MODERNES MÄRCHEN

SOCIETÄTS
VERLAG

SOCIETÄTS **VERLAG**

FRANKFURTER SOCIETÄTS-**MEDIEN GMBH**

Hans W. Wolff

Goethe „on tour" in Frankfurt

Ein modernes Märchen

„Mehr Licht!" waren Goethes letzte Worte, als er am 22. März 1832 verschied. Doch heute, 180 Jahre später, macht der Autor Hans W. Wolff in seinem Buch das Unglaubliche wahr: Frankfurts berühmtester Sohn trifft auf das Mainhattan des 21. Jahrhunderts! Doch schnell ist Goethe verwirrt: Aus der ihm bekannten Pferdekutsche sind U-Bahnen geworden, über ihm kreisen merkwürdige Flugobjekte und sein Elternhaus im Hirschgraben wird tagtäglich von Touristen in Sightseeing-Bussen belagert.

Begleiten Sie den alten Johann Wolfgang in diesem modernen Märchen unter anderem beim Besuch im Senckenbergmuseum, auf der Dippemess, bei der Eintracht Frankfurt und natürlich beim Apfelweintrinken. Zusammen mit humorvollen Gedichten mit und für Goethe sowie liebevollen Strichzeichnungen von Ludwig Nardelli lädt der Band zum Schmunzeln ein.

128 Seiten, SmartCover / ISBN 978-3-942921-48-0 / 12,80 Euro

Mit Illustrationen von Ludwig Nardelli

ÜBERALL IM BUCHHANDEL